विस्थापन
और
यादें

विस्थापन और यादें

जन्मभूमि से अलगाव की पीड़ा को उकेरती नॉस्टेल्जिक यादें

अंजु रंजन

वाणी प्रकाशन

वाणी प्रकाशन

4695, 21-ए, दरियागंज, नयी दिल्ली 110 002

फ़ोन : +91 11 23273167 फ़ैक्स : +91 11 23275710

शाखाएँ

अशोक राजपथ, पटना 800 004, बिहार

कॉफ़ी हाउस कैम्पस, महात्मा गांधी मार्ग, इलाहाबाद 211 001, उत्तर प्रदेश

महात्मा गांधी अन्तरराष्ट्रीय हिन्दी विश्वविद्यालय, वर्धा 442 001, महाराष्ट्र

सुल्तानिया रोड, मोतिया पार्क, भोपाल 462 001, मध्य प्रदेश

www.vaniprakashan.com
marketing@vaniprakashan.in
sales@vaniprakashan.in

VISTHAPAN AUR YAADEN
by Anju Ranjan

ISBN : 978-93-89915-94-5
Poetry Collection

प्रथम संस्करण 2021

मूल्य : ₹ 350

आर. टेक ऑफ़सेट प्रिंटर्स, शाहदरा, दिल्ली-110032

वाणी प्रकाशन का लोगो मक़बूल फ़िदा हुसेन की कूची से

प्रस्तावना

सोलह वर्ष की अवस्था में जब मैं गाँव छोड़कर शहर के एकमात्र प्रसिद्ध कॉलेज – सेंट कोलम्बा'स में एडमिशन लेने जा रही थी तो गाँव से बिछुड़ने का दुख नहीं था बल्कि मेरी चाल में जोश भरा उछाह था और थे मेरी आँखों में कई सुनहरे सपने। मुझे लगता है कि ये सुनहरे सपने हरेक ग्रामीण की आँखों में होते हैं जब वह पहली बार शहर की ओर रुख़ करता है। भविष्य उस समय स्पष्ट नहीं होता है पर सबकी आँखों में सुनहरी पन्नी में लिपटा जो सपना होता है; वह वर्षों के संघर्ष के बाद बदरंग होता है। बहुत देर से ये बात समझ आती है कि गाँव छूट गया और हम अपने ही देश में विस्थापित हो गये।

मेरे लिए यह विस्थापन और भी कष्टकारी है, क्योंकि सोलह साल गाँव में ठेठ ग्रामीण ज़िन्दगी गुज़ारने के बाद मुझे एकदम से ही शहरी माहौल में फेंक दिया गया। वहाँ मुझे वैसा ही अजनबी–सा लगता था जैसा कि बहादुर शाह ज़फ़र को रंगून में लगता होगा!

एक बार जो गाँव से अलगाव की शुरुआत हुई तो कई कारणों से यह बढ़ती चली गयी–मेरा विस्थापन जारी रहा।

गाँव से हज़ारीबाग़ फिर दिल्ली और फिर विदेशों में विदेह की तरह विस्थापित जीवन ही जीती रही हूँ। ऐसे में गाँव से मेरा मोह और भी बढ़ता जाता है–यादों के माध्यम से उन दिनों में लौट जाना ही उन यादों की अन्तिम परिणति है।

इस संग्रह का नाम 'विस्थापन और यादें' है और मेरी समझ से यह शीर्षक सार्थक व समीचीन है। मेरी यादों के सहारे आप भी विस्थापन को झुठलाते हुए अपने गाँव–देस पहुँच सकते हैं।

इस किताब को पढ़ने के बाद अगर सुधी पाठक विस्थापन की पीड़ा को समझेंगे व तनिक भी अपनी जड़ों से जुड़ाव महसूस करेंगे तो मुझे लगेगा कि मेरी मेहनत सफल हो गयी है और इन सबके माध्यम से मैं भी गाँव पहुँच रही हूँ। यादों में ही सही–आप सबके साथ।

आपकी,

–अंजु रंजन

अनुक्रम

उस बरसात में

उस देश में रहना है मुझे
जहाँ हर मौसम बहार आती है
कभी बेहद गरमी तो कभी बरसात आती है,
कभी पिघलते हैं तन–मन पिघलते सूरज के साथ
तो कभी बिन मौसम भी बरसात आती है।
जहाँ बरसात है जीवन का प्रतीक
हरे–धान्य–खेतों में झूमते शस्य के गीत!

जहाँ हर कुछ बरसता है–
कभी धन–सोना और चाँदी की बरसात होती है,
कभी आशीर्वादों की झड़ी लगती है,
कभी अभिनन्दन के फूल बरसते हैं,
तो कभी लात–जूतों की भी बरसात होती है
गालियों की बौछार करते हैं
और हम रंगों की बाढ़ में डूबते हैं।

हमारा सब्र का बाँध टूटता है
तब मुसीबतों का सैलाब आता है
रात–भर शबनम भी बरसती है
और अँखियाँ तो हरदम भीगी रहती हैं
बरसात का मौसम छूता है हर किसी को
जीवन के हरेक पहलू को

ग़रीब को और अमीर को
बेटियों को चौमासा में मायके भेजा जाता है
वे कजरी खेलती हैं और बादल बुलाती हैं
वे सामाँ–चकेवा बनाती हैं
और इन्द्र देवता को बारिश के लिए मना लेती हैं

मैं रहना चाहती हूँ उस देश में
जहाँ बारिश मुसीबत नहीं
जीवन का उत्सव है।
खीर–पुए में–
आषाढ़ी पूजा में–

कृष्ण जन्माष्टमी में
करम–जितिया में–
मैं वही हँसी उगाना चाहती हूँ सबके लिए।

इस बरसात मैं अपने गाँव–देस में रहना चाहती हूँ
नाचना चाहती हूँ माँदल के डम–डिगा के साथ
गाना चाहती हूँ उत्कट प्रेम का एक गीत–
पोखर खँडने के लिए
बरसात के जल–संरक्षण के लिए–
ताकि सुन्दरी को दूर जमुना न जाना न पड़े
पानी भरने के लिए।

इस बरसात चाहती हूँ कि भर जायें
हर गाँव के सभी आहर, पोखर और तालाब,
जल–थल–जल–प्लावन–जलमयी
हो जाय मेरे गाँव–देस की धरती–
सिंचित होकर सुगन्धित धान का कटोरा बन जाय।
इस बरसात यही चाहना रखती हूँ!!

फलों और सब्ज़ियों की कविता

करेले के पीले फूल
मुझे उतने ही ख़ूबसूरत लगते हैं
जितने कि डेफोडिल,
पर करेले के फूलों पर–
कोई कविता नहीं बनी अब तक
कोई वर्ड्सवर्थ नहीं मिला इन फूलों को
जो लिख सकता कि
ये फूल बदल जाते हैं–
पौष्टिक गुणकारी फल में
जिससे डायबिटीज और कैंसर भी
ठीक हो सकते हैं।

नहीं लिखी गयी कोई कविता
वेट, कद्दू और कोहड़े के फूलों के लिए!
क्योंकि–गुण से रूप की महिमा अधिक है–
प्रथम दृष्ट्या कवि को भी नहीं दिखता
वे फूल जो स्वादिष्ट सब्ज़ियों
और जीवनदायी फलों का स्रोत बनते हैं।
शायद, इसलिए नहीं लिखी गयी
कोई कविता हमारी घरेलू
रोज़मर्रा की सब्ज़ियों और फलों पर

धान के खेतों पर–
गेहूँ की बालियों पर–
मक्का की मूँछों पर–
हरियाते लहराते दलहन पर–

बस सबको याद रहता है
गुलाब, प्रेम का प्रतीक
जवा, पूजा का प्रतीक
धतूरा–कनेर–शिव के भाल
चम्पा–चमेली–बैजन्तीमाल
आस्था के चिह्न बने ये फूल आकर्षित
करते हैं देवताओं को
कवियों, गीतों और हम सबको।

करेला, करील, कद्दू
धान–चावल–दाल–सब्ज़ी
ये तो गाँव–गवार–जंगल–
अपरूपी उगी जंगली गाथा हैं–
जिसे लिखते हैं आदिवासी,
मज़दूर और किसान।

इन्हें परवाह नहीं उपेक्षा की
इतना टुंनका नहीं इनका मान
ये फूल फिर भी खिलेंगे जंगल में
बाड़ी में और खेतों में
करोड़ों लोगों के पेट भरने को–
जहाँ जन्मती, पनपती है–
असली जीवन की कविता।

अब याद आने से क्या फ़ायदा!

अब याद आने से क्या फ़ायदा–
समय बीत चला बहुत ज़्यादा
जब था प्यार का मौसम
रुत थी जवान,
थे चमन में फूल और बहार
जब करते थे हम दोनों
एक–दूजे से बेइन्तहा प्यार
हर पल रहता था तेरा इन्तज़ार
दिन–रात मिलने को बेक़रार
खड़ी रहती थी नैन बिछाये
मैं तेरे लिए बाँहें पसार
दिन–रात एक सपनों की दुनिया में जीना
और एक ही सपना बुनना हर बार।
पर सपनों से बड़ी थी हक़ीक़त
उससे मैं थी सर्वथा बेख़बर।
और एक दिन अचानक,
तुमने मोड़ लिया मुँह और अपनी राह
मैं कितना रोयी थी ज़ार–ज़ार
हर आहट पर चौंक उठती थी, कि
शायद तुम लौट आओ एक बार
पर तुम्हें न लौटना था न ही लौटे

लौटी थी मैं, लुटाकर अपना संसार।
हो गये थे मेरे सपने तार–तार
कितनी सदाएँ दी थीं तुम्हें
रो–रोकर कर लिया था ख़ुद को बीमार
लेकिन तुम न पिघले भले ही
रो पड़े थे चाँद–सूरज और–
कोयल, पपीहा, धरती और आसमान
आज जब मैंने अपनी नियति मान ली है
तुमने भी अलग दुनिया बसा ली है
पुराने घावों को कुरेदने से क्या फ़ायदा
समय बीत चला बहुत ज़्यादा।

बड़की भौजी के लिए

बचपन में भाभी, चाची, दादी, बुआ
जब कभी मुझे पकड़ पातीं
परदेस गये हुए प्रियतम
भैया, काका, मामा और फूफा
के नाम चिट्ठियाँ लिखवातीं।

वे लगातार बोलती जातीं
हँसती और रोती जातीं
हिसाब लगाती जातीं
अपने विरह के महीनों को
मुझे लिखने को कहतीं–

चाहकर भी मेरी क़लम में
वो ताक़त न आती
कि उनकी भावनाओं
को उकेर पाती,
या रीतिकाल के कवि की तरह
उन प्रोषिताओं
की पीड़ा को शब्द दे पाती।
वे फिर भी मुझसे ही चिट्ठी
लिखवातीं।

नवेली भाभियाँ शर्मातीं
हाथ पर महीना गिनतीं
और हुक्म फरमातीं–
"एकाध शेर भी मार देतीं
तो उनके आने की बात बनती"।
मैं अपनी एक ताज़ी–
टटकी कविता
उनके गोपन विरह के लिए
बनाकर लिख देती
पर, भैया को वो कविता
क्या ख़ाक समझ आती?

वो जवाब यूँ देते
"लिखता हूँ ख़त ख़ून से
स्याही न समझना
ज़िन्दा हूँ तेरे लिए
मुर्दा न समझना।"
भाभी चित हो जातीं
लम्बी आहें भरतीं
और मैं चट जवाब लिखती

"गोरे–गोरे गालों पे काला–काला तिल
जहाँ मेरे पिया जी वहीं मेरा दिल"
फिर भाभी मुझसे ख़ुश हो जातीं
मेरे लिए रेशमी रुमाल बुनतीं–
आम के अचार चुराकर लातीं,
कभी पुए भी बनातीं,
मेरे साथ जागतीं।
वो मिलन के सपने बुनतीं–

मैं बोर्ड की तैयारी करती
आख़िर, इन्तज़ार की घड़ी बीत गयी
और, हम दोनों पास हो गयीं।

भाभी ने मेरा प्रथम साहित्य परिचय कराया
तोता–मैना, शीत–बसन्त
और सोरठा–ब्रजाभार पढ़ाया,
आल्हा–ऊदल, गोपाल–गारी,
और कजरी गाना सिखाया।
मुझे ससुराल के लिए गृहस्थिन बनाया।
आह, पर मैं उनके सपने पूरे न कर सकी
ऑफ़िसर बनी पर 'बहुरिया' न बन सकी।

माँ विदा

विदाई के वक़्त माँ ने कहा था
अब सास में अपनी माँ देखना।
सो, 'उसने' सास को माँ माना
पर सास ने उसको बेटी न माना
वो मानती रही उसे अपना प्रतिद्वन्द्वी

औरत ने औरत को आज़माया
हर दिन एक अग्निपरीक्षा
और आगल गाती रहीं
घर की दूसरी औरतें
ननद, जेठानी और बुआ
जिसमें वह जलती रही
मान लिया इसे प्रभु इच्छा।
जिसने हाथ थामा था उम्र–भर के लिए,
उस पति के लिए बोझ बन गयी वह
उसका पूर्ण समर्पण बो गया
शक का बीज–
जो बन गया विशाल विष वृक्ष
वह हलाहल पीती रही
चरित्रहीन बनकर जीती रही
क्योंकि,

माँ ने कहा था–
अब वही तेरा घर है
वही तेरा परिवार
वापसी के दरवाज़े हो गये हैं बन्द
लौटना है नामुमकिन
और हमने दिया है जो दहेज
वो डूब ना जाये
हमें और बेटियाँ ब्याहनी हैं।
बस, वह मरती गयी तिल–तिल कर।

आज 'वह' जो जली औरत मिली है
सदियों से जलती रही है
वह तो कब की मर चुकी थी
बस लाश बरामद होनी बाक़ी थी।

आषाढ़ का एक दिन

कालिदास वाला नहीं,
मेरा वाला
रोने वाला नहीं
गाने वाला
आषाढ़ का एक दिन
भीगते खेतों में, बाग़ों में
आम चूसते हुए
मीठा आषाढ़ का एक दिन।

हरा–भरा लहराता
बलखाता इठलाता
झूमता,
धान रोपनियों के
कोकिल कण्ठों से
सहस्र दिशाओं से कूकता
और जवाब में
बारहमासा गाता हुआ
प्रेमियों का एक दिन।

धान के पौधे ढोता
खेत में मोट लेता

चुराकर आम खाता
गाभिन गाय को चराता
आर्द्रा नक्षत्र में दालपूरी
और खीर के
स्वाद वाला
आषाढ़ का एक दिन।

पुरवइया हवा बहाता
झमाझम बरसता
जगह–जगह
तालाब–पोखर
और नदी बहाता
वो आषाढ़ का एक दिन।

वनदेवी और गाँव देवी को
पुकारता गोहराता
मीठे पुए और
बलि का प्रसाद वाला
आषाढ़ का एक दिन।

मशरूम, खुकड़ी, रुबड़ा–फुटका
करील और कोंडार के साग की
सौगातों से भरा
आषाढ़ का एक दिन।

कच्चे–पक्के घरों से
सोंधी ख़ुशबू वाला धुआँ उड़ाता
बर्राते पहाड़ों और

मक्के के मचानों से
ऊँची नकियाती आवाज़ें
लगाकर अभी भी
पास बुलाता है मुझे
हाँ, आषाढ़ का वो एक दिन।

गाँव

जब पिछली बार गाँव छोड़ती थी
उस पोखर वाले मोड़ से मुड़ती थी
बरबस ही, बाँध लेता था–
मेरे क़दमों को मेरा गाँव।

वेदना विदूर दृष्टि और
आँसू भरे नयनों को
पिता की तरह मज़बूत दिखावा बनकर
मौन खड़ा था मेरा गाँव।

माँ की ममता की तरह
रूखे हाथों से वे रूखी हवाएँ
सुखा जाती थीं मेरे आँसू,
विपरीत दिशा से बहकर
वो लिपटा लेती थीं ख़ुद से
मेरी माँ बनकर निःशब्द रोता था मेरा गाँव।

दीन–हीन अनपढ़–अनगढ़ मेरा वो
मैला–कुचैला गाँव
मेरेशनिल की ख़ुशबू से
सहम गया सा लगता था, और

गोबर और खाद की बदबू को
धनिया पत्ते से छिपाता था,
तंग गलियों और कच्चे रास्ते के लिए
जैसे वो ही ज़िम्मेदार है,
ऐसा शर्मसार लगता था मेरा गाँव।

मेरी लाल बत्ती वाली गाड़ी के साथ सेल्फ़ी
लेकर अपनी झेंप मिटाता था
उसको ख़बर थी कि अब मेरा लौटकर
आना है मुश्किल, फिर भी
बार–बार लौट जाने को कहता था मेरा गाँव।

कोई क़ीमत नहीं उन चीज़ों की मेरे लिए
मैं उन्हें विमान में ले भी जा न सकूँ
पर, तुलसी, नीम और खट्टे बेरों की
सौगातें जुटाता फिरता था मेरा गाँव।
मेरे विदेशी बच्चों को हैरान करता,
भुतहे इमली और श्मशान वाली डायन
के झूठे–सच्चे क़िस्से सुनाता था गाँव।

कितने अधूरे प्रेम–प्रसंगों और
मेरी कितनी शरारतों और शैतानियों को
मुस्कुराकर झेल लेता था गाँव।

माँ जब तंग आकर मारने दौड़तीं तो
अपने आगोश में छुपा लेता था गाँव।
मेरे बचपन के इस ख़ज़ाने को लेकर
मुझे मचलता खोजता फिरता था गाँव।

प्यार के लम्हे

कुछ लोग जो ज़िन्दगी से चले जाते हैं,
वो बस चले ही जाते हैं हमेशा के लिए
चाहे सोशल मीडिया जैसे फ़ेसबुक या
ट्विटर पर कितना भी खोजें, वो नहीं मिलते।
रिश्ते की भी शायद एक ज़िन्दगी होती है
एक उम्र, जन्म व जवानी और मौत भी,
रिश्ते जनमते हैं, जवाँ भी होते हैं
और दिलों की तरह धड़कते भी हैं।

हर रिश्ते का आरोह होता है जब
हमारा प्यार परवान चढ़ता है
और हम ख़्वाबों की ऊँची पेंगें भरते हैं
एक साथ सोते हैं व एक साथ उठते हैं
ज़िन्दगी साथ जीने की क़समें खाते हैं
तब दिन चाँदी के और रातें सोने की होती हैं।
ख़िज़ाँ में भी बहार–ए–चमन देखते हैं।

और फिर आता है अवरोह रिश्ते में
जब हम एक–दूसरे से ऊबने लगते हैं
किसी और में ख़ुशियाँ ढूँढ़ने लगते हैं
बातें छोटी और ख़ामोशी लम्बी हो जाती है

एक–दूसरे की फ़ितरत जानते हैं
पहचानते हैं और कतराने लगते हैं
नीचा दिखाने, कीचड़ उछालने लगते हैं
प्यार मरने लगता है सो रिश्ते भी
धीरे–धीरे मुरझाने लगते हैं।

एक गति है प्यार की, दिल की और
भूलने की भी अपनी एक गति होती है।
भूलती जाती हूँ मैं सारी रुसवाइयों को
बस तुम्हें भूलना अब बाक़ी है!

भूल पाऊँगी तुम्हें जब रुकेंगी मेरी साँसें
अभी तो फिर भी बहुत साँसें बाक़ी हैं!
तेरे–मेरे दरमियाँ अभी भी शायद
प्यार के उन लम्हों का मरना बाक़ी है।

बहुत पढ़ना था

बहुत पढ़ना था और
आगे बढ़ना था मुझे,
अज्ञान दूर भगाने को
ज्ञान की ज्योति जलाने को,
मैं किताबें पढ़ता गया।
आगे बढ़ता गया,
सभ्य समाज का अंग बनता गया।
गाँवों को, गँवारूपन को
पीछे छोड़ता गया।
मिट्टी की ख़ुशबू
लगती थी अब बदबू हमें
नाक बन्द कर, रुमाल रखकर
गाँव पार करता गया।

सभ्य बनने के लिए
अंग्रेज़ी थी ज़रूरी
सो मातृभाषा को
भूलता चला गया
माँ, नानी और रिश्ते
लगने लगे थे
ज़िन्दगी के पैबन्द

सो मैं रिश्तों के नये चादर
बुनता चला गया।

ग़रीबों को देखकर
होने लगी नफ़रत हमें
हालाँकि,
अमीरों ने मुझसे कभी
मोहब्बत न की।
अपने लोग याद दिलाते थे
मुझे मुफ़लिसी भरे दिनों की
जहाँ ग़रीबी थी पर साथ ही मुझमें
दया, करुणा, ममता
का प्रकाश था

आज सिर्फ़
प्रखर चकाचौंध है
और मैं कुछ नहीं देख पा रहा
न माँ को न ही गाँव को
पर सब कुछ दिखने का
नाटक कर रहा हूँ।

बस काल के डिस्कोथेक़ में
अमीरी की धुन पर
नाचता चला जा रहा हूँ
अन्दर का कोलाहल
बाहर के शोर से दब जाता है
और मैं दूसरे दिन दूतावास में एक
मीटिंग की योजना बनाता हूँ
जो भारत में ग़रीबी और अशिक्षा
हटाने के लिए रखी गयी है।

ज़िन्दगी माँगती है हिसाब

जब–जब खोलती हूँ
विगत यादों की किताब।
किसान की ज़मीनों पर उगेंगी
गगनचुम्बी इमारतें
जिसमें रहेंगे सभ्य लोग
उन्हें गोबर की गन्ध नहीं भाती
उनकी आँखों में चुभता है
वो तबेला जहाँ
गाय और भैंसें रम्भाती हैं
उस तबेले को हटाकर
वहाँ बनेगा मेगा–गैराज
या फिर चमचमाता शो–रूम
गाय–भैंस तो गोशाले
में रखी जाती हैं।
रातों–रात विकास दस्तक
देता है और खेत–अमराई
गाय–भैंस, किसान
गाँव लेकर कहीं दूर भाग जाते हैं।
मीलों फैली हरियाली में
यूँ उगता है कंकरीट का
जंगल और लीलता

जाता है मेरा गाँव
उखड़ता जाता है
पाँव पेड़ों और
जंगल का
और अन्त में
उखड़ते हैं हम
विस्थापित होते हैं–
क्योंकि हम असंगत
लगते हैं इन फाइव–स्टार
घरों में, जहाँ तुलसी
का चौरा नहीं और
ना ही चम्पा–चमेली

और रातरानी खिलती है
और रात में छत पर
तारों की छाँव में
दादी कोई कहानी नहीं कहती है।

आह, उन गगनचुम्बी फ़्लैटों में
ज़िन्दगी कसमसाती है
गौशाले में गाय रोती है
और वृद्धाश्रम में
दादी कराहती हैं
तुलसी, फूल और आम
बोनसाई में उगते हैं।

मेडोज

जब भी मेडोज में अकेले घूमती हूँ
तुम बहुत याद आते हो,
गाँव बहुत याद आता है
और वो पल याद आता है,
जब नयी बरसी हुई धरती पर हम नंगे पाँव
अपने निशाँ बनाते हुए दौड़ जाते थे
टाँड़ और सरगुजा के खेतों से
जब तुम्हारी बाँसुरी की आवाज़ आती थी
तो तुम सचमुच कन्हैया लगते थे।

अब मेडोज में देखती हूँ
बाँसुरी की धुन सुनती हूँ
छोटे–छोटे बच्चे हमारी ही 'उस' उम्र के–
तब उनके खिले मुखड़ों में
तुम नज़र आते हो।

जब मेडोज में लगता है कोई मेला
तो गाँव के मेले की याद आती है
और तुम याद आते हो
जो छिपकर मुझसे मिलकर
मेरे लिए चकरी, पंखे ख़रीदकर

और पाँच पैसे के लेमनचूस लेकर
मेरा हाथ पकड़कर मेले में घूमते
हम दोनों ने नहीं किया–
कोई वादा न खायीं कोई क़समें
न थीं निभानी हमें दुनिया की कोई रस्में
हमारा प्यार कितना मासूम, कितना पवित्र था
मेडोज के हवा, घास, पेड़
और गुलाबी चेरी ब्लॉसम की तरह!

जैसे गाँव छूट गया,
और हम बिछुड़ गये,
यह मेडोज भी छूट जायेगा–
तब गाँव की तरह मेडोज भी बहुत याद आयेगा

इसके ताज़े काटे घास की ख़ुशबू,
चेरी ब्लॉसम का कोमल गुलाबी स्पर्श
सफ़ेद गन्धराज के फूल जो बौरा देते हैं
मेरी स्मृतियों में गाँव को लौटा लाते हैं!
ये सब बहुत याद करूँगी और तुम्हें भी
नये सन्दर्भ में याद करूँगी–
हाँ, क्योंकि, जब भी मेडोज में अकेले घूमती हूँ
तुम बहुत याद आते हो।

मैं हूँ नदी

नदी जो बहती है दो शहरों के दरमियाँ
कभी चुपचाप कभी शोरगुल के बीच
कभी शिथिल तो कभी खिलखिलाती
दोनों किनारों पर पाल वाली नौकाएँ
मस्तूल से बँधी मानो, नदी विचरती है
इन नावों में ख़ुद के ऊपर से गुज़रकर

रात में नदी सो जाती है
खर्राटे भरते हैं मेढक,
मछलियाँ नदी की चट्टानों से चिपक
जाती हैं जैसे माँ की छाती से लिपटी हों
थके नाविक आकाशगंगा देखकर
अनुमान लगाते हैं–
समुद्र के मौसम और नदी के मूड का
नावें पाल का आँचल समेटकर
अडोल खड़ी ऊँघती हैं–
तब नदी सुनाती है अपनी कहानी
उन सबके सपनों में बन परीरानी।

नदी माँ है, प्रेयसी है
मित्र है तो कभी शत्रु है

अपने अस्तित्व में सजग नदी
चुनौती है, नावों और जहाज़ों की सड़क है
अपने उदर में समोए है
कितने जीव, पशु–पक्षी
नदी जानती है कितने
क़िस्से–कहानियाँ,
रोमांस और प्रेम की दास्ताँ
तूफ़ान और सुनामी
यात्रा भीतरी और बाहरी
नदी है स्थिर और जंगम
एक साथ बहती, तैरती और रुकी हुई सी–

मैं बन गयी हूँ नदी
बह रही हूँ एक महादेश से
दूसरे भू–खण्ड तक
नदी विदा कर रही है आज मुझे
हम दोनों कभी नहीं मिलेंगे
अलविदा कहकर
लहरों में गुम हो जायेंगे।

पर रुको नहीं
जपते रहो–चरैवेति–चरैवेति
नदी की तरह
सींचती, फसलों के लिए
नयी मिट्टी का आधार बनाती
बहती जा रही हूँ मैं
छोड़कर अपना दिल तुम्हारे पास
क्योंकि, तुम भी तो बह रही हो–
एक शहर से दूसरे शहर

हम फिर मिलेंगे
बस दूसरे रूप में
दूसरे नाम से
दूसरे देश में
चरैवेति–चरैवेति!!

बंजारापन

जब मेरे बायें पैर के तलवे में तिल और–
चक्कर देखा था दादी ने–
गजोधर पण्डित ने कहा था–
जातक बहुत
दूर–दूर की यात्रा करेगी
पर इतनी विदेश यात्रा!
उन ख़ानाबदोश जनजातियों की तरह
हरेक तीन वर्ष में एक शहर से दूसरे शहर
एक देश से दूसरे देश
एक कंटिनेंट से दूसरे तक
घुमन्तू जनजातियों की तरह घूमती हूँ
जैसे उखड़ता है खेमा
हर बार उखड़ती हूँ मैं–
ज़मीन में छोड़ती निशानियाँ
तम्बू के नुकीले कीलों की
मुझे चुभती है एक टीस

कहीं जुड़ती हूँ, कहीं टूटती हूँ
कई बार मिलकर बिछुड़ती हूँ
कितने आत्मीय रिश्ते बनाती हूँ
लोग मिलते हैं कई रूपों में

माँ, बाबूजी, बहन–भाई बनकर
तो कभी दुश्मनी साधकर,
पर विदेशी धरती हमेशा अपना लेती है
जैसे माँ की गोद हो

घुमन्तू बनकर देखी है दुनिया
अच्छी और सिर्फ़ अच्छी
कोई भी जगह बुरी न मिली अब तक–
भाँति–भाँति लोग–भाषा–संस्कृति
बनाती है धरती माँ की रंगीन चुनरी
और नीला समन्दर पखारता है पैर
नील–धवल–शुभ्र हिमगिरि बनकर किरीट
शोभित करता है वसुन्धरा को विश्व–सुन्दरी की तरह!

यायावर की तरह जमा करती हूँ मैं
कोई निशानी हरेक जगह से
बुद्ध की पेंटिंग, बोरोबुदूर के स्तूप
अंकोरवाट, इंडोनेशिया के गरुड़ औ बाटिक,
म्यांमार के रूबी, श्रीलंका के जेमस्टोन,
स्कॉटलैंड के टार्टन!
बनता जा रहा है मेरा घर अजायबघर!

नोमैड

शहर बदल जाते हैं
देश बदल जाते हैं
धरती–आकाश,
पेड़–पौधे, जीव–जन्तु
यहाँ तक कि बादल
तूफ़ान और मौसम
बदल जाते हैं
पर नहीं बदलते
मेरे मंज़िल के रास्ते।

वसुधैव कुटुम्बकम्
के मन्त्र के साथ
रास्ते मेरे साथ चलते हैं
एशिया, यूरोप और
अफ्रीका ले जाते हैं
मुझे ये रास्ते।

फूल खिलते हैं
मुरझाते, झड़ते हैं
बहार और पतझड़
बारी–बारी आते हैं

पर, मंज़िल की तलाश
में मेरे साथ चलते हैं
निरन्तर ये रास्ते!!

कभी लक्ष्य से भटकाते हैं
कभी पूरी दुनिया दिखाते हैं
कभी सीधे तो कभी टेढ़े–मेढ़े
कई चौराहों से,
मोड़ों से गुज़रते,
बिना थके ये रास्ते!

बीतता है पल–पल वक़्त
बदलता है युग का पन्ना
बीत रही हूँ मैं धीरे–धीरे
पर अविचल, अडिग
अनादि काल से ज्यों के त्यों
खड़े हैं ये रास्ते!!

स्कॉटलैंड की सुबह

सुबह होने से पहले जग जाती है वो
अनाम–सी छोटी चिड़िया मेपल के पेड़ पर
फिर अनहद मचाते हुए जगाती है–
अपने हमजोलियों को–
गूँज उठता है उन सबके चीं–चीं से मेरा घर–आँगन
और मैं उनींदी–सी अधखुली आँखों से
सुनती हूँ उनके सम्यक् अनुनाद–
फिर कीड़े चुनने की होड़ मचती है उनमें
तेज़ उड़ने की भी
और गाने की भी–
मेरी विक्टोरियन खिड़की पर बैठ–
वे अन्दर की मौन दुनिया निहारती हैं
और मैं बाहर की उनकी मुखर दुनिया देखती हूँ–

माँ चिड़िया को तत्पर देखती हूँ जो एक साथ
चार–पाँच कीड़े दबाये अपने घोंसले में लौट रही है–
अपने चिंचुओं के लिये
जो कलरव कर रहे हैं!
हाँ, मेरा कर्तव्य–बोध जग उठता है–
मैं बच्चों के लिए नाश्ता बनाती हूँ
थोड़े से दाने आँगन में बिखरा देती हूँ–

और एक कटोरी में पानी–
चिड़िया माँओं और सहेलियों में हरिलूट–सी मच जाती है–
वे उड़ रही हैं,
मँडरा रही हैं
खिलखिला रही हैं
झुण्ड बनाकर उतर रही हैं
ख़ुद खा रही हैं,
ढोकर बच्चों के लिए चावल के दाने ले जा रही हैं–
उन्हें देखकर मैं
विचर रही हूँ–
अपने उन्मुक्त अन्तराकाश में

सुबह की चहल–पहल हो गयी है–
घर में, मेडोज में–
शहर जग गया है।

शाम

हर शाम सुरमई होती नहीं,
हर रात चाँदनी होती नहीं,
ये शाम और रात लेकिन
तेरी यादें रोज़ ले आती हैं
कल्पना के पंख से उड़ती
तुम्हें और मुझे जोड़ती हैं

शाम धीरे–से उतरी जाती है
और, मैं सिमटना चाहती हूँ
अपने उस तन्हा कमरे में–
जहाँ मँडरा रही हैं तेरी यादें
हमारे झगड़े और बेतुकी बातें
प्यार, मनुहार और हँसी की फुहारें,
कितनी मीठी कितनी तीखी,
यादों की ये बरसातें बरसती हैं।

मैं सिमट आयी हूँ भटककर स्वयं में
टेबल लैम्प के इस आलोक वृत्त में
जो मेरा था–तेरी यादें वो साथ हैं
बाक़ी जो पराये थे वो छूट गये हैं
हाँ, घर के दरवाज़े के बाहर ही
और मैं उनकी ओर पीठ कर लेती हूँ।

बाहर बीथोवन की करुण रागिनी है
मेरी तन्हाई को सहलाती हुई–सी
मेरी तन्हाइयों को दुलारती हुई–सी
पार्क के पेड़–पौधे भी ऊँघ रहे हैं
और अब मुझे नींद आ जाती है।

देश आगमन

क्या करूँ जो मेरे प्यार को सही अभिव्यक्ति दे,
क्या तेरी मिट्टी को चूम लूँ मैं
या आँसुओं से तेरा अभिषेक करूँ
क्या मैं ख़ुशी से कोलाहल करूँ
या सिर्फ़ मौन तेरे गले लग जाऊँ
तेरी छाती पर फैले श्यामल खेतों में घूमूँ
या फिर, अलाव पर शकरकन्द भूनूँ
तेरे सरसों के साग, बैंगन के चोखे में ढूँढूँ
या फिर, ताल किनारे के कदम्ब तले तुझे मिलूँ

सरसराती हवाओं में क्या तू ही है?
या फिर नीले अम्बर में तेरा बिम्ब है?
मिट्टी की ख़ुशबू, और पसीने की आदिम महक
जब भी तुझे छू लूँ मैं जाऊँ बहक–बहक
आह, तुझसे दूर रहना बस जीना है
तुझसे मिलकर इस मुरझाये प्राण को
फिर से लहराना, इठलाना और हरियाना है
मेरे देश, तुमको–मुझको इस मिलन पर
मचलकर गले लग जाना है।

झारखण्ड के जंगल

झारखण्ड के जंगल मेरे साथ–साथ चलते हैं
और किसी भी जंगल में अचानक दिख जाते हैं
वे बड़े–बड़े साल के पेड़ ओक और बर्च के बीच
पाइन और मेपल और चिनार के पेड़ों के पीछे से
सबकी नज़र बचाकर मेरी ओर झाँक जाते हैं।

स्कॉटलैंड के ठण्डे बर्फ़ीले मौसम में न जाने कैसे–
कब मेरे मन में छोटानागपुर के जंगल उग आते हैं–
इन ठण्डी तूफ़ानी हवाओं में कैसे,
जैसे अमराई में आम के पत्ते
अपनी गरम विजना डुला जाते हैं–!
उत्तरी सागर से उठती उन हु–हु करती हवाओं में
निकल पड़ता है कोई गुनगुना–सा ख़ासा गरम दिन
तब देसी दक्षिणी वातास अन्तस को सहला जाते हैं।

ये पतझड़ वाले जंगल जाने कब मेरे भीतर
सदाबहार अल्पाइन जंगलों में प्रकट हो जाते हैं
मेरे भीतर सदा बने रहते हैं झारखण्ड के जंगल,
चुटु पाली घाटी से घुमेर लेते हैं, हायलैंड में
शेरघाटी, दनुआ–भानुआ के कथे–ख़ैर के पेड़
अचानक ही लाल–पीले फूल बिखरा जाते हैं

चेरी ब्लॉसम के पीछे से दहकता है पलाश–वन
गुलाबी फूलों के बीच तन्हा रोता झारखण्डी मन
ऑलिव ऑयल के गुण हैं सारी दुनिया में मशहूर
पर मेरे भीतर रात भर टपकते हैं महुआ–डो रहा के फूल
और जंगली मादकता से मुझे मदहोश बना जाते हैं।

डेफोडिल, डेज़ी, हेथेर के जंगलों से अचानक
महक उठता है कोई टेसू–सा देसी बनफूल,
मन अनजाने एक दर्द से भर जाता है,
देस से दूर भी झारखण्ड के साल–वन, वेणु–कुंज
बरबस ही मुझे स्कॉटलैंड में याद आ जाते है!

दादी का भारी सन्दूक़

जिसे वह कभी–कभार खोलती थीं
जाड़े की शुरुआत में
ऊनी गरम कपड़ों को धूप दिखाने
या कोई कम्बल–रज़ाई मेहमान को बिछाने
तब हम सब उस जादुई बक्से के इर्द–गिर्द जमा हो जाते थे।
जादू–सा कभी निकलता–
मख़मल में लिपटे विक्टोरिया के सिक्के,
दादाजी का कुर्ता–मेरी टूटी पायल,
दादी के शादी वाले कड़े–झाँझन,
चाँदी के बर्तन,
दादा के मेडल–चकती,
पानदान और माँ का सुहागी–सिंधौरा,
दादी की मुचड़ी पीली बनारसी साड़ी,
बाबूजी, चाचाजी और हम सब बहनों की कुण्डली,
और तब निकलते तहियाकर रखे दादी
के सोने के गहने–
कर्णफूल, झुमके, टॉप्स
सोने की चूड़ियाँ–
सब चीज़ें हमें ललचातीं।
उससे भी ज़्यादा दादी हमारा ईगो सहलातीं
गहने दिखाकर कहतीं

'तेरी शादी में ये दूँगी'
मेरी शादी तो भागकर हुई–
दादी कुछ न दे पायीं।
जब वे बहुत–बहुत बीमार थीं
तब भी बक्से में उनकी जान अटकी थी।
उन्होंने सबको बाँटकर चीज़ें देने को कहा
बड़े विश्वास से मुझे चाभी सौंपी–
माँ–चाची कुड़कुड़ाती रहीं
दादी के जाने के बाद बीच आँगन में बक्सा लाया गया था
चाभी की ज़रूरत नहीं थी क्योंकि यह पहले से ही खुला था
चाची के यहाँ बक्सा रखा था,

पर चाची ने क़सम खा ली गंगाजल उठा लिया
सिर्फ़ दादी की मुचड़ी बनारसी साड़ी पड़ी थी
और कुछ चिथड़े से रज़ाई।
सबसे नीचे मेरी दो तस्वीरें–
एक ट्रेनिंग के दौरान बन्दूक़ चलाते हुए
दूजी, शादी के लिए स्टूडियो में खिंचीं थी
शर्माते हुए!

आह दादी, तुम मुझे इतना अधिक चाहती थीं
कि अपने बक्से के तलघर में मेरी फ़ोटो रखती थीं
मुझे मेरा हिस्सा मिल गया
हाँ दादी, तुम और तुम्हारा प्यार और–
ये टूटा लोहे का बक्सा मेरा हिस्सा हैं।
सोने–चाँदी किसी और को मुबारक़!!

विदाई गाँव से

घर से
निकलते समय किसी ने पुकारा मुझे
मुड़कर देखा तो बाबूजी की मालाओं
वाली तस्वीर रो रही थी
आँसू भरे गले से मुझे रोक रही थी
मत जाओ मत जाओ।

फिर जब चौखट पारकर दालान में पहुँची
कोने में खड़ी थी मेरी साइकिल सहमी सकुची–पिचकी
एक तरफ़ था मूँज की रस्सी वाला झूला
जाँत, ढेकी, कुलदेवता की टिप और पीतल का घड़ा
सब रो रहे थे–
सिर धुन रहे थे
मुझे रोकती थीं उनकी मौन आवाज़ें
मत जाओ–मत जाओ।

सहजन का पेड़ हिला रहा था हाथ अपने
सिन्दूरिया और चौरहा आम गिरा रहा था टिकोरे
बाँसवन विदा दे रहा था मुझे सरसराकर धीरे–धीरे
मेरी गायें धारोधार बा–बा कर रो रही थीं

तोते, बुलबुल, गौरैया बेतहाशा चीख़ रहे थे
सब बार–बार मेरा जाना बनाते थे दूभर
कहते थे
मत जाओ–मत जाओ।

पीछे भागता पुराना बरगद, शिवाला और देवीमण्डप
आख़िर पीछा करता था जुड़वाँ ताड़ का पेड़
मुझे लौटा लाने को, वापस बुलाने को
हवा के थपेड़े बार–बार कहते थे
मत जाओ–मत जाओ।

जब हवाई जहाज़ से देखती थी बाहर अपना देश
देश की धरती, पेड़ और एयरपोर्ट की रौशनियाँ

देश भी मेरे साथ निःशब्द रोता था माँ की तरह
सखी वह भी तो मुझसे बिछुड़ रहा था
मुझे विदा करना उसके लिए भी आसान न था।
देश की मिट्टी की ख़ुशबू रोकती थी मुझे
मत जाओ–मत जाओ।

जब जहाज़ में परिचारिका सुरक्षा
पेटी बाँधने कहती थी,
मैं बेसुध–अश्रु–विह्वल उसका मुँह ताकती थी!
देश से बिछुड़कर सबसे ज़्यादा असुरक्षित महसूस करती थी–
उस सद्यःजात बच्चे की मानिन्द,
जिसका आँवल नाल अभी–अभी काटा गया है
परन्तु अभी उसका रोना बाक़ी है
यह रोना माँ से स्थायी तौर पर बिछुड़ना है

और आदमी बनने की शुरुआत भी
जो बहुत–बहुत कष्टदायी है
सब मिलकर मुझे मानो बाँध लेते थे
मौन करुण पुकार थी!
वापस आ जाओ–आ जाओ!

पृथ्वी के उत्तरी छोर पर

मध्यरात्रि के देश में
गरमियों में
डूबता नहीं है सूरज
आधी–आधी रात तक–
चमकता रहता है,
आकाश के पश्चिमी छोर
पर एक चकती की तरह–
यूँ लगता है थक गया है
बीमार पीला सूरज–
चाँद से भी रोगी
टँगा रहता है सूरज।
फाँसी लगे क़ैदी की तरह
यातना सूली पर चढ़ा रहता है सूरज!

दस बजे रात तक चमकता रहता है
गरमी और ऊर्जा से लबरेज़ सूरज
मेडोज में लोगों की टोलियों में
पिकनिक मनाता रहता है सूरज!
साइकिल और स्केटिंग पर
चक्कर लगाता फिरता है सूरज
बच्चों के साथ आँखमिचौनी

और नये जोड़ों के साथ
प्रेमकेलियाँ और अठखेलियाँ
करता चलता है सूरज!

लोग धूप तापते हैं
तपता रहता है सूरज
निढाल पसरते लोगों के साथ
मेडोज के बेंचों पर
पसरा रहता है सूरज
रात बीतती जाती है
वक़्त सरकता जाता है
पर ढलता नहीं है सूरज
घड़ी की सुइयों को भी
झुठलाता
पीछे ठेल देता है सूरज।
सैलानी आश्चर्य से देखते हैं
आसमान में पूरे सबाब से चमकता सूरज!

सोने का मन नहीं करता इन उजली रातों में

बस निहारती हूँ मध्य रात्रि में
आसमान में जगता सूरज!
मैं भी जागी रहती हूँ साथ मेरे
बतियाता है मध्यरात्रि का सूरज!

रॉयल इन्फ़रमरी

जब से तुम बीमार पड़ी हो माँ
मानो, बीमारी मेरे घर में घुस गयी है–
शायद, बीमारी इन्तज़ार कर रही थी
मेरी गाड़ी का,
जब हम तुम्हें सम्हालकर चढ़ा रहे थे
इलाज के बाद
बीमारी भी गाड़ी में बैठकर आ गयी
मेरे घर को अपना घर बना लिया
और, रॉयल इन्फरमरी मेरा
दूसरा घर बन गया।
अब तो डिफॉल्ट रूप से
मेरी गाड़ी के जीपीएस में
रॉयल इन्फरमरी का पता दर्ज हो गया है!

इस विकसित देश में बीमारियाँ भी
बहुत उन्नत क़िस्म की हैं–
ये लोग मलेरिया, टायफाइड, चिकनगुनिया
से नहीं मरते–
क्योंकि यहाँ मच्छर नहीं होते,
यहाँ सर्दी–जुकाम–बुख़ार और फ्लू में
एंटीबायोटिक नहीं खाते।
यहाँ लोग प्रदूषण और गन्दगी नहीं फैलाते!

यहाँ अकेलापन बड़ी बीमारी है
आधी आबादी डिप्रेशन की मारी है
सूरज की रौशनी की क़ीमत बड़ी भारी है
बहुत फूल खिलते हैं,
जिससे इनको ही फीवर हो जाता है
जो जानलेवा है।

यहाँ लोग बच्चों को सोलह साल में ही
अपने से अलग कर देते हैं–
और उनकी जगह कुत्ते और बिल्ली पाल लेते हैं
इनसे इनको एलर्जी बहुत होती है–

अधपके बीफ़ और पोर्क खाने से टीनिया सोलिम का
इन्फेक्शन बहुत आम बीमारी है!
परिवार और विवाह यहाँ बहुत आउटडेटेड मानते हैं
इसके कारण एड्स और एसटीडी से ग्रसित होते हैं।

बूढ़ों को ओल्ड होम और अनाथ छोड़ी हुई
औरतों को शेल्टर में रखते हैं–
अधिक शराब–सिगरेट पीने से डाइबिटिक,
कैंसर और टीबी के इनाम पाते हैं!

मानसिक रोगियों की तो बात ही न पूछो
उन्हें ये लोग प्रताड़ित तो नहीं करते, बस
दूसरी दुनिया में रख देते हैं, शेल्टर होम में
या किसी स्पेशल केयर सेंटर में–
ताकि हर इन्सान यहाँ आज़ाद रहे–
अपनी ज़िन्दगी जी सके–
क़िस्म–क़िस्म की अजीबोग़रीब बीमारियाँ

विकसित हैं इस विकसित देश में–
इनके सैम्पल रॉयल इन्फरमरी के
वेटिंग रूम में दिख जाते हैं,
जहाँ मैं आदि को लेकर अक्सर जाती हूँ
टॉन्सिलायटिस और ऑटिज़्म के
इलाज के लिए।

एडिनबर्ग अलविदा

हर शहर दूर से एक से लगते हैं,
मकानों के बेतरतीब जंगल
जिसके बीच में पानी, पहाड़
और जंगल होते हैं।
पर नज़दीक जाने पर,
उनमें बसने पर, पता लगता है
उनका चरित्र, इतिहास, भूगोल
और जलवायु।
शहर साँस लेता है,
रोता–हँसता, खाता–पीता है
एक आदमी की तरह!
बाज़ारों में बिकते फूल और
ताज़ी सब्ज़ियाँ, मछली,
फ्रोज़ेन मीट और अण्डे
गुलज़ार करते हैं
शहर की ईटिंग–हैबिट को
पैटर्न देते हैं।
उसे ग़रीब और अमीर
सस्ता, महँगा,
सुरक्षित–ख़तरनाक
बनाते हैं आदमी की तरह!

शहर बसते हैं
उजड़ते हैं, मिलकर
बिछुड़ते हैं।
काश, शहर लिखते ख़ुद अपनी आत्मकथा
अपनी कहानी को वे किसको सुनाते–
पेड़ों को, पक्षियों को
जन्तुओ को या मानव को?

शायद, हमारे जैसे पथिकों को
रुक जाने का आग्रह करते,
अच्छी जलवायु, सस्ती मछलियाँ

और सुविधाओं का
उत्कोच देकर!
अगर एडिनबर्ग मुझे रुकने को
कहता तो मैं रुक जाती!

प्रकृति की सुन्दरतम शहर की
गोद में लेटकर सुनती उसकी कहानी
उसी की ज़ुबानी,
बच्ची की तरह हुंकारी भर,
आँखें मटकाकर!

पर एडिनबर्ग तो भरे गले और
नम आँखों से विदाई दे रहा है मुझे
मेडोज के पेड़ झूमकर गा रहे
सॉनेट–प्रयाण–गीत
अशर हॉल, किंग्स थिएटर
रॉयल बोटनिकस,

लीथ वॉक, एडिनबर्ग कैसल
कलेडोनियान, प्रिंसेस स्ट्रीटगार्डन
फाउंटन सिनेमा, रॉयल माइल
हैरी पॉटर, शेक्सपियर
रॉबर्ट बर्न, पटना
फ्रेज़र हाउस, न्यू टाउन–
सब फेर रहे हैं मुँह
हाथ हिलाकर
कह रहे हैं–चले जाओ!
और मैं जा रही हूँ
यादों की पोटली
लटकाकर!!

गरमी की शाम

अच्छा लगता था,
साँझ की झिकमिक वेला में
लौटती गाय और उनकी जिंगल बेल
गोधूलि में प्रकृति नित्य दिन का खेल
ज्यों सिन्दूरी ताम्बई होली वाले गुलाल
या फेंकती अंजन एक मुट्ठी आसमाँ पर
वह रात का काले जादू करना।

अच्छा लगता था,
वह जादू जो हर शाम में खिंचती थी
माँ के हाथ के आम पना और
दादी की कहानियों की ओर
अवश होकर मेरा मन भागता था
गाँव की तरफ़, घर की तरफ़
जैसे बिछुड़े बछड़े भागते हैं
गाय और गुहाल की ओर।

अच्छा लगता था,
छत पर बाल्टियों पानी डालना
भाप उड़ती छत को ठण्डा करना
छत से दूर महुए के जंगल के छोर पर

उड़कल भूतों को खोजना
चुड़ैल के मुँह की आग
जिन्नी के अटपटे कारनामे, जैसे
दादा से खैनी माँगना
दादी से चिपकना
थरथराते हुए भूतनी की
कहानी सुनना,
बिना पंजों वाली प्रेतनी के
पैरों के निशाँ खेतों में खोजना!

अच्छा लगता था,
रात को तारे गिन–गिन गिनती सीखना,
चाँद को चन्दा मामा बुलाना

गरमी की शीतल रातों में, छत पर
दादी से लिपटकर सोना
उनके खर्राटे और नींद में बोलना
ऊटपटाँग सपने देखकर बड़बड़ाना
सबका हँसना और हमारा
खिसियाकर रोना–लड़ना।

अच्छा लगता था,
एक ही तकिये पर क़ब्ज़ा जमाना
भाई–बहनों का लाड़ और खीजना
हमारे उघड़े बदन को बाबूजी का ढाँपना
दादी की फटकार और माँ की मार
उठने को देर होने पर पानी की बौछार
हमें बचाकर ख़ुद भी मुजरिम बन,
बाबूजी का हमारे बिस्तर में घुस जाना।

अच्छा लगता है,
उन सुनहले पलों को याद करना
ख़ुद के बालपन में झाँकना
बाबूजी, दादा–दादी और मैया
जिन्होंने गढ़ा हमें भाई–बहनों को
उनको और उस शस्य–श्यामल गाँव को,
गोधूलि वेला में, उन अपनी–सी
गरमियों की शाम को याद करना।

यादों के एल्बम

तुम मुझे यूँ याद करना
एक कप चाय के साथ
ख़ुद से बेख़ुदी में सुकून से बैठना
पहले फायर प्लेस में लकड़ी डालना
लपेटकर गर्म शॉल में ख़ुद को
तब अतीत में धीरे से झाँकना
माना कि धुँधला गयी होंगी
तुम्हारी नज़रें–
और यादों को भी
वक़्त लगता होगा
मेरा चेहरा पहचानकर
थोड़ा तुम ठहरना।

तुम हौले से हमारे बचपन
की यादों की एल्बम उठाना
दाँत टूटी, खिलखिलाती
शरारती लड़की की
तस्वीर ग़ौर से देखना
मेरे अक्स, नैन–नक़्श
पर हौले से हाथ फेरना
ठिठकते हुए अतीत को

सहमे से खड़े पाओगे तुम
मेरी यादों के दामन से
बचकर कहाँ जाओगे तुम
बस थोड़ा मुस्कुराकर
उन लम्हों को स्वीकारना
हक़ीक़त में न सही
ख़यालों में ही मुझे दुलारना।

वो बेल का पेड़,
वो महुए के फूल
वो साल के जंगल का अखाड़ा
वो करम की डाली,
मिसराइन की गाली

आम और अमरूद की चोरी में
तेरी–मेरी आँखमिचौनी,
हुड़दंग मचाता हमारा वो बचपन
एक मासूम मुस्कान उस
बाली उम्र के नाम फेंकना।

जब दिन बेफ़िकर थे
और रातें सपनों से भरी
तुम्हारे हरेक सपनों की
नायिका मैं और तुम पर
कुर्बान मेरा हर सपना था।
अधखुली आँखों में तैरता था
भविष्य का नक़्शा जो हम दोनों
ने साथ मिलकर खींचा था
यादों के उस झरोखे को बन्द ही रखना

वक़्त के खरोंचों से नासूर रिसने का डर है
उन लम्हों को एक बड़ी आहों तले समेट लेना
हाँ, तुम मुझे कुछ याद ऐसे करना
कि मुझे भी सब कुछ याद आ जाय
खिसकते वक़्त की रेत पर दिल से
कुछ ऐसे लिखना—कि
लहरों की सुनामी या खुदाई की आँधी
से भी वो मिट ना पाये।

मेरे प्यार को न सही मेरी यादों को
अमर बनाकर, उन्हें सँजोकर रखना
हाँ, तुम मुझे याद ऐसे करना।

झारखण्ड की वनदेवियाँ

चिथड़े हुए कपड़े
नंगे पैर
महँगे आभरण हीन
सुगठित देहयष्टि
साँवले, पानीदार
मासूम मुखड़ों वाली
कभी लकड़ी काटतीं–ढोतीं
कभी सुकूटी बीनतीं–बेचतीं
रस्सी व टोकरी बुनतीं
झारखण्ड की वनदेवियाँ!

करम की डाली
साल की हरियाली
महुआ का फूल बीनतीं
नीम के कड़वे तेल
लठवे सिन्दूर और
गिलट के गहनों में
सजी–धजी
झारखण्ड की वनदेवियाँ!

दहकते लाल पलाश वन में
टेसु के रंग से कोरी धोती

लाल पाड़ में रंगतीं
लाल जवा फूल
बालों में खोंसतीं
गोदने के टीप,
मुस्कान के दीप
से गोल–गोल
घुमेर लेकर
नाचतीं–कुहकतीं
झारखण्ड की वनदेवियाँ!

कचनार फूल का साग
राँधतीं
गाकर रोतीं और
रोकर गातीं
बच्चों को फेंटे में बाँधे
मुरझातीं फूल–सी
शहर में भीख माँगतीं
या बर्तन माँजतीं
झारखण्ड की वनदेवियाँ!!

आइल ऑफ़ स्काई

एक यात्रा की मैंने
आइल ऑफ़ स्काई की,
जो प्रसिद्ध है मनमोहक
नज़ारों के लिए
जहाँ मिलते हैं
धरती और आकाश
नदी और उत्तरी सागर
पहाड़ और लॉक
बहते हैं साथ–साथ।
तलिसकर डिस्टिलरी की
भट्ठी को ठण्डा करता है
झील का पानी, जो पुनः
झरना बनकर उतार दिया जाता
है लॉक की गोद में।

एक अँजुरी पानी मैंने आइल से
उधार लेकर मुँह, आँख पर मारा
ताज़गी की टटकी फुहार मानो
छू गयी मुझे ,
शीतल, शुद्ध पानी को जी भर पिया मैंने
मानो, प्रकृति की गोद में क्षण भर जी लिया मैंने,

पर वह पानी मौन न था
एक सवाल किया मुझसे–
तुम्हें इतनी प्यास क्यों है?
क्या धरती के सारे पानी के स्रोत ख़त्म हो गये?
यह पानी तुम्हारे लिए नहीं है
यह तो बहता है
हीथेर फूल को सींचने के लिए
ट्राउट मछली के बच्चों के लिए
काकतुआ और काली मैना के लिए
पता है, वे भी बहुत प्यासे आये थे यहाँ
पर मैंने पिलाया सुधा–अमृत अपना
और मरने से बचाया उन्हें,

उनके पास तो पैसे नहीं हैं न–
कि मिनरल वॉटर ख़रीद सकें
सो मैं स्रोतस्विनी पालती हूँ उन्हें–
तलिसकर की दारू को ठण्डा करते–करते
मैं गरम हो जाऊँगी

सूख जाऊँगी
दूषित होकर
कुछ दिनों के बाद मैं भी मर
जाऊँगी!

मैं देख सकती थी
आइल की झील का
बुढ़ापा आने की आहट
सुन सकती थी उसकी
सिसकियाँ जो काली मैना

और काकतुआ की चिचियाहटों
से भरने वाली थी, मानव पर
मौन आरोप लिए,
आइल ऑफ़ स्काई
मुस्कुराकर पर्यटकों का स्वागत
करते हुए अपने आँसू पोंछ रहा था।

देश को ढूँढ़ती हूँ

रेपसीड के फार्म में सरसों के खेत ढूँढ़ती हूँ।
बारली के हरे खेतों में गेहूँ की शस्य–श्यामला
भारत माँ का धूल–धूसरित मैला आँचल ढूँढ़ती हूँ।
ट्रैक्टर की भट–भट में खोजती हूँ मेरे गाँव की
रोपनियों के सैकड़ों कोकिल कण्ठों को ,
और सम्भ्रान्त समृद्ध किसानों के संकुल में
मेले–कुचैले ग़रीब झुर्रीदार, क़र्ज़ से डूबे हुए
लाचार पगड़ी वाले किसानी चेहरों को ढूँढ़ती हूँ।

रेण्डियर में खोजती हूँ मेरी काली–सफ़ेद बकरियाँ,
चितकबरी जर्सी गायों से नहीं मिलती मेरी घोंची गैया?
सुगढ़, सुरुचिपूर्ण घरौंदों में टेढ़ा–मेढ़ा अपना गाँव ढूँढ़ती हूँ
आलीशान अट्टालिकाओं में उस छोटे शहर का नाम ढूँढ़ती हूँ।
रौशनी से चौंधियाई रातों में ढूँढ़ती हूँ तन्हाई और अँधेरा,
इस बेगाने फिरंगी शहर में कहाँ है मेरे गाँव का बसेरा?
दिन भर महलों की पट्टिकाओं में अपना ठाँव ढूँढ़ती हूँ,
लीक के खेतों में देहाती प्याज़ की फ़सल खोजती हूँ।

यहाँ के ख़ूबसूरत फॉल में मेरे देश का पतझड़ ढूँढ़ती हूँ
ट्यूलिप, डेफोडिल व स्नो–ड्यू में गुलाब की महक ढूँढ़ती हूँ
हीथेर, थिसल के जंगल में झारखण्ड के पलाश ढूँढ़ती हूँ

ऑर्गेनिक मशरूम में, जंगली टेक्नास का स्वाद ढूँढ़ती हूँ,
इस बर्फ़ीले देश में अपने देश का पर्वतराज हिमाल ढूँढ़ती हूँ
घर में लगे बॉइलर में देशी रज़ाई की गर्माहट ढूँढ़ती हूँ।

'नॉर्थ विंड' में बसन्ती हवा की शरीर सरसराहट ढूँढ़ती हूँ
'मैक एंड चीज़' में माँ के हाथ का दाल–चावल ढूँढ़ती हूँ
बेमौसम बरसातों में रिमझिम सावन के फुहार ढूँढ़ती हूँ,
स्कॉटिश जलवायु में अपने देश के मौसमों को ढूँढ़ती हूँ
गोरे–गोरे चेहरों में, विशुद्ध भारतीय मुस्कान को ढूँढ़ती हूँ।
भारत से बाहर स्कॉटलैंड में, मैं प्यारे भारत को ढूँढ़ती हूँ।

यह उपेक्षा और गुमनामियाँ

ये बेहिसाब तन्हाइयाँ
सदा से रही हैं मेरी सोलमेट
भले तुम बटोर लो सारी की सारी
झिलमिलाहटें और लाइमलाइट
मैं ख़ुश हूँ क्योंकि
हर मुक़ाम पर मौजूद हूँ
हाशिये पर ही सही अभी ज़िन्दा हूँ
झेल लेती हूँ तेरी शिकायतों
और बुराइयों को सदा हँसकर,
बस तेरी तारीफ़ें कर जाती हैं
मेरी आँखें नम
और बना जाती हैं
मुझे मृण्मयी और कोमल
जो मैं हूँ नहीं और होना भी नहीं चाहती
मैं तो चट्टान की तरह कड़ी होना चाहती हूँ
तुम क्यों बैजू बावरा की तरह
मेरे पथरीलेपन को पिघलाते हो
अपनी सहानुभूति की आँच में
मुझे इतना क्यों जलाते हो?
उग्रतारा की रूप हूँ मैं
मुझे चाहिए मेरा देय, अधिकार

स्वाभिमान, स्वाधीनता
तुम्हारे बराबर की सहभागिता
खड़ी होना चाहती हूँ
लड़खड़ाती डगमगाती
बस तुम सहारा दो
एक साथी की तरह।

तन्हाई

कैसी कसैली–कड़वी सच्चाई है
मुझसे लिपटी ये जो तन्हाई है
ठण्डे शीत–सी जो सिहराती है मुझे
तन्हाई जो लिपटी भीगी रज़ाई है।

शब्द मौन और आँखें टपकती हैं
तन्हाई जो आँसुओं की कनी–सी है
उदास रागिनी मन को साधती है
उदासी के दामन से मुँह ढाँपती है
मौन क्रन्दन अब यूँ मुझे झेलना है
तन्हाई जो मेरी ज़िन्दगी से गुँथी है

कितने देवता कितनी मन्नतें मानी हैं
पर तन्हाई के आगे सब बेमानी है
मिलन तो है पल दो पल का हमारा
तन्हाई ही शाश्वत सच्चाई है

तन्हाई मेरी आँखों का पानी है
तन्हाई मेरी यादों की जवानी है
तन्हाई ज़िन्दगी की रवानी है

तन्हाई तेरे–मेरे प्यार की कहानी है
तन्हाई ले आती है तुम्हें और पास
ज्यों मिलते हैं धरती व आकाश
तेरी यादों से भरी सिन्दूरी ये शाम,
तन्हाई की यह शाम कितनी सुहानी है।

मेडोज के आसपास

रोज़ ताकती हूँ मेडोज से
जाती हुई पगडण्डियों को
जहाँ, बच्चे अपने माँ–बाप
के साथ सैर को निकलते हैं।
कभी–कभी कॉलेज के नये जोड़े
हाथों में हाथ थामे घूमते हैं।
कभी कुत्तों के साथ मालिक
भी उन पगडण्डियों पर ठिठकते हैं।

मुझे बुरा लगता है जब कुछ
निर्दयी बटोही साइकिल से
पगडण्डियों किनारे फूलों को
बेरहमी से रौंदते हैं।
इन फूलों को सींचा गया है
श्मशान के बोनमील से
सो फूलों के साथ दर्द से
ये पगडण्डियाँ भी कराहती हैं।

ये पगडण्डियाँ पक्की हैं सो
जूतों, पैरों और नन्हे पंजों के
कभी इन पर कोई निशाँ
मुक़म्मल नहीं बनते हैं।

अक्सर एक बूढ़ा जोड़ा झुककर
इन पगडण्डियों को ग़ौर से
भरी आँखों से निहारता है।
मानो खोजते हैं अपने मृत जवाँ
बच्चों के शिनाख़्त–
फिर वे किनारे की उस बेंच पर बैठते हैं।
जहाँ अंग्रेज़ी में लिखा है–'मेरी और
पीटर की याद में'

वे मौजूद हैं पगडण्डियों के बेंच
की अभिलेखों की शक्ल में
आह, मेडोज की पगडण्डी कितनी मनहूस,
बेजान, सुनसान और ठण्डी है,
जहाँ रात में मेरी और पीटर घूमते हैं।

जहाँ मैं रहती हूँ

जहाँ मैं रहती हूँ
वह मेरा घर नहीं है
मैं तो बहुत जगहों
में रहती हूँ
पर कहीं भी मेरा
अपना घर नहीं है
बड़ी–बड़ी आलीशान
कोठियाँ रही हैं
मेरा पता–ठिकाना,
देश–विदेश में
बहुत घूमी मैं और
तलाशती रही अपना
घर जहाँ मैं जो चाहे
कर सकूँ।
बनाना चाहती हूँ–
अपने लिए छोटी–सी कोठरी
जहाँ छुपा सकती
बचपन की यादों को–
रख सकती उन फालतू
सौगातों को जिन्हें
माँ फेंक दिया करती थीं,

जैसे–वह मैली–कुचैली काठ की
गुड़िया जो अक्सर चोरी हो
जाती थी और बाद में
उसे शायद फेंक दिया गया
उस उपेक्षित गुड़िया को ढूँढ़कर
अपने घर में रखना चाहती हूँ।

उन काग़ज़ों के पुलिन्दों को
जिन्हें मेरी शादी के वक़्त
जला डाला था माँ ने–
अपने घर में बैठकर उन
पत्रों को पढ़ना चाहती हूँ।

उस खोये प्यार को महसूस
करना चाहती हूँ
पर, क्या करूँ
अभी तक अपना घर नहीं है।
मेरे रेज़िडेन्स ठिकानों के
आगे चमचमाती तख़्तियाँ
लटकती हैं।

गाड़ी जब गेट से अन्दर
आती है तो मैं सहमकर
ख़ुद से यह प्रश्न करती हूँ
मेरा अपना घर कहाँ है
जहाँ मैं 'मुझसे' मिल सकती हूँ
जो चाहे कर सकती हूँ
अपनी मैली–कुचैली प्रिय

साथिन गुड़िया को अपने
घर में रख सकती हूँ
जहाँ मुझे मेरी कोई
चिट्ठियाँ जलानी ना पड़ें
मेरा वो घर कहाँ है???

फागुन

एक अलस दुपहरी में
उस दुपहरी को खोजती हूँ
कच्चे अमिया और सितुवा
को पत्थर पर घिसती हूँ
मलमल के दुपट्टे से रिसते
पिघलते कच्चे चटपटे
कचूमर को चखती हूँ।

कभी चटखारे लेकर
आँखें मींचकर
अमचूर चुराती हूँ।

उसी दुपहरी में
पीले सरसों में छिपकर
कच्चे कोमल चने और मटर
खाना चाहती हूँ।

सरसराती हवाओं में
पकते गुड़ की भेली
की मीठी सुगन्ध को
साँस खींचकर ढूँढ़ती हूँ

बसन्त तो आ गया
पर वे सौगातें कहाँ?
इस अलस दुपहर
में उन चिह्नों को
खोजती हूँ।

उस टेसू भरे फागुन
में रँगना चाहती हूँ
सौहार्द, ठहाके,
गुलाल, गुझिया
और पकवान वाली
होली में डूबी
अपने देश को
इस दुपहरी
बहुत याद करती हूँ।

मेरा एकान्त

मेरा एकान्त
जब कभी अकेली
सिर्फ़ अपने साथ होती हूँ
भीगती रहती हूँ
यादों की बारिश में
भटकती हूँ
अपने गाँव के
बियावान में
पिघलती हूँ
तुम्हारे स्पर्श की
गरमी से
और रिसती
हूँ आँखों के रास्ते
बहती हूँ उन हवाओं
के साथ जो
उड़ा ले जाते थे मेरा
दुपट्टा लाल रंग का
मन ही मन में
जीती हूँ उन पलों
को दुबारा
जी उठती हूँ

मैं उन स्मृतियों
में जब होती
हूँ सिर्फ़ ख़ुद के साथ
एकान्त में
घुमड़ती हूँ
काली बदरी की
तरह, पर
बरसती नहीं
क्योंकि बरस जाना
ख़ाली हो जाना है
और मैं तो भरी हूँ

सो तड़पती हूँ
अपनी तन्हाइयों में
जब सिर्फ़ अपने साथ होती हूँ
और जब मेरा एकान्त
मेरे साथ होता है।

एक बर्फ़ीला दिन

पिघलता है प्यार की गरमी से
चहकता है स्नो बर्ड की चीं--चीं से
हरीतिमा जीत जाती है
और ज़र्द चादर हट जाती है
जंगलों के लैंडस्केप से
गूँज उठते हैं बोल हिरनों के
रेनडियर भरते हैं कुलाँचे
पोलर बीयर देखता है बर्फ़ के द्वीप से
हरे उभरते आइसबर्ग को मुँहबाये।

एक बर्फ़ीला दिन
भर जाता है केनरी के आकुल गीतों से
गौरैया की मासूम चहचहाटों से
पिकनिक पर आये बच्चों की
किलकारियों से
व अलमस्त
स्नोमैन इन्तज़ार करते हैं
स्लेज गाड़ियों और स्क्रेपर से
ढलने को तैयार विभिन्न आकारों में
बड़े–बुज़ुर्ग भूनते हैं मुर्ग़ और भुट्टे
बार्ब–ए–क्यू की नुकीली तीलियों में

इस तरह पिघलती है बर्फ़ इन वादियों में
और लाती है सपने बसन्त के
मुस्कुराने और गुनगुनाने
इन घाटियों में मुक्त–कण्ठ से
खिलखिलाने–
और पिघलाने को रिश्तों पर की
बर्फ़ की परत को
पार्टियों की गरमाहटों से
जब बेइन्तहा गरम और नरम
हो जायेगा
एक बर्फ़ीला दिन।

किसने बोये बीज डेफोडिल के

किसने रखे इनके नाम
कैसे मिला इन्हें
रूप और गन्ध
टह–टह पीला रंग?
किसने रोपे इनके बिरवे
लगाया इनके कन्द?
जब डेफोडिल के आवारा
अलमस्त झुण्डों को देखती हूँ
तो अक्सर सोचती हूँ
पहाड़ों में, सड़क किनारे
मेडोज के आस–पास
घाटियों में ये कैसे पहुँचे होंगे?

बर्फ़ दबाना चाहती थी
इनकी मुस्कुराहटों को
पाला इन्हें बढ़ने से रोकता
पर ये डेफोडिल
शरारती बच्चे की तरह
फिक्क से पीली
हँसी बिखेर देते हैं
दूर–दूर तक पीली

चादर बिछा देते हैं
और स्वागत करते हैं
बसन्त का, क्योंकि
बसन्त को 'पीला'
पसन्द है।

बसन्त के पूर्व

सुबह–सबेरे सैर पर
देखा कि काई से उकठी
बालू जैसे
बर्फ़ की गर्द झाड़कर
उठने लगी हैं–
पेड़ों की डालियाँ
चेरी ब्लॉसम की क़तारों पर
गुलाबी रंग चढ़ने लगा है,
खा रही हैं
अठखेलियाँ

पीले–नीले–जंगली अनाम फूल
बर्फ़ को धता बताकर
शरारती बच्चों की तरह
मुस्कुराने लगे हैं
जो सो रहे थे बर्फ़ और कुहरे
की सफ़ेद चादर के तले
अब चादर फेंककर
अलसायी अँगड़ाइयाँ
लेने लगे हैं
मेडोज में लौट आयी है

हरीतिमा और बच्चों के
अनोखे खेलों के
शोर और कुत्तों की
कलाबाज़ियाँ

गोल्फ लिंक में माली
तराश रहा है गोलाइयों को
और लौटने लगे हैं
अमीर पर्यटक
अपने साजो–सामान,
लाव–लश्कर और
कैंडीमैन के साथ
डाले गलबहियाँ

डेफोडिल सिर उठा रहे हैं
धीरे–धीरे मानो
चिहुँक कर
देख कर चारों ओर
फ़िज़ाओं में वासन्ती
सुगन्ध, चटकने को
आतुर हैं उनकी
नव कलियाँ।

बर्फ़ीले देश में

रात बीत चली है ठिठुरी–सी
बर्फ़ की चादर ओढ़कर कठुआई–सी
पेड़ खड़े हैं ठण्डी साँस भरते
पेड़ों पर है एक दुनिया
सिमटकर सोती हुई–
नीचे वाली डाली पर गिलहरी,
बीच–बीच में है झाड़ती
अतिरिक्त बर्फ़ और पानी
झुरमुट में जंगली खरहे,
करते हैं इन्तज़ार
साँस रोककर
बर्फ़ के अन्दर से
घास निकलने का।
रेनडियर भूखे खड़े हैं
क़तारों में मौन प्रार्थना–
कुछ तो खाने को मिल जाये
या फिर गरम जगह
जहाँ ज़िन्दगी में अभी भी
आस्था हो।
ये रेनडियर क्रिसमस पर तो नहीं
दिखे थे?

सैंटाक्लॉज भी नक़ली था।
अब इन सबको लगता है–
कि प्रकृति भेजेगी असली
सैंटा क्योंकि उसने
जुगाड़ कर लिए हैं
बर्फ़, स्लेज़, रेनडियर
स्नोमैन।
सबको मिलेगा
मनचाहा उपहार
इस बर्फ़ीले लैंडस्केप का।

पुरानी याद

ये रात फिर आयी है पुरानी याद लेकर
काली साड़ी में पूछता–सा चाँद माथे पर
रात के अँधेरों से लिपटकर सिमटकर
फिर ले आयी है बीते लम्हों को समेटकर।

याद है तुम्हें सीढ़ियों पर अन्तिम मुलाक़ात
जब बिछुड़ने के डर से तुमसे लिपटकर
कँपकँपी–सी लगी थी उस प्रदीप को भी
तभी तो उसका आलोक बुझ गया था काँपकर
मेरे आँचल तले उन सर्पीली सीढ़ियों पर
और रो पड़े थे हम साथ–साथ सिसककर।

ये रात फिर लायी है वही पीला चाँद ढाँककर
अपने आँचल तले उसे छुपाकर
तुम भी सिसक रहे हो मुझे याद कर
क्योंकि बुझ रहा है यहाँ चाँद रुक–रुककर
हम मिलें या न मिलें रात अक्सर आती है
आँचल तले चाँद सर्पीले बादलों पर चढ़कर
और देखती है मुझे खिड़की से उचककर
कि चाँदनी ढँकती है मेरा चेहरा उफककर।

आह, ये रात फिर आयी है किसी अनजाने फूल
जैसे उस बार रातरानी की बौराई गन्ध लेकर
जिसके गुच्छों से नाम लिखा था मेरा सहलाकर
जब हम चाँद को एक साथ देखते थे एक समय पर
तुम देखते थे मुझे और मेरी टकटकी आत्मलीन चाँद पर
जब तुमने वरा था मुझे चाँद को साक्षी मानकर
हमारी विरह में वो रात काली हो गयी है जलकर
और चाँद, बड़ी इमारतों के पीछे पड़ा है मुँह छुपाकर।

इस रात को यूँ ही गुज़र जाने दो बेख़बर
इक रात फिर आयेगी क़ायनात के उस पार
जब मैं मिलूँगी बादलों की सर्पीली सीढ़ियों पर
आँचल में प्रदीप छिपाये मुस्कुराकर
इस बार रुदन नहीं सिर्फ़ प्यार होगा
विरह से निकला मिलन का फाग होगा
वो रात फिर आयेगी जब मंगलगान होगा
प्रलय के बाद जीवन का राग होगा।

रात तू मुझे न चिढ़ाना

रात यूँ घिरकर तू मुझे न चिढ़ाना
काली चादर ओढ़ तू जल्दी न आना।
अभी तुमसे मिलने की फुर्सत कहाँ है
डिनर बनाना और खाना–खिलाना है
बच्चों को लोरी गाकर सुलाना है, रात
अभी तुम खिड़की से बाहर ही रुकना
किसी से भी मेरे घर का पता पूछना
अन्दर से बच्चों की किलकारियाँ सुनना
बेबी पाउडर और दूध की सुगन्ध सूँघना
लोरियों और लूलाबि में खो मत जाना।

बच्चे जब हॉट चाकलेट पी रहे हों, तो
उनकी आँखों में नींद बनकर उतरना।
जब बच्चे सो रहे हों तब भी तुम, रात
जागकर उनके लिए अच्छे सपने बुनना
कभी परियाँ, कभी बार्बी, कभी ब्यूटी
सिंड्रेला बनकर उनके सपनों में आना।
कभी मिकी, कभी मिनी, कभी डोनाल्ड
कभी पेपा पिग और यूनीकॉर्न बन जाना।

सबके सोने के बाद रात तू मुझसे मिलना
मुझे है तुमसे बहुत कुछ कहना–सुनना।

कभी तुम मौन होकर मेरी बात सुनना
मैं बुनूँगी तेरी गोद में नींद का सपना।

मेरे सपने में कोई राजकुमार या रानी न लाना
न ही किसी महानगर का नक़्शा दिखाना
मुझे बस तुम मेरे गाँव पहुँचाना–
जो रोज़ बुलाता है मुझे कई आवाज़ों में
पर हो नहीं पाता है मेरा वहाँ जाना।
मुझे आम के बगीचे में झूला झुलाना
गन्दे पोखर में है डुबकी लगाना।

चुराकर आम और मटर की फलियाँ खाना
डैम पर कूद--कूदकर पिकनिक मनाना।
मेरे बिछुड़े गाँव को गले लगाकर रोना
रात, बस इतनी–सी बात तू मेरी मान लेना।

सुबह जल्दी उठना पड़ता है हम सबको
इसलिए, रात तुम जल्दी ही बीत जाना।

लम्बी रातें

शाम चार बजते ही
बिना आहट बेआवाज़ घिर जाती हैं
जाड़ों की ये लम्बी रातें
खिड़की के बाहर बर्फ़ीली हवाओं
के थपेड़े मारती ये बौराई रातें।
नंगी शाखों पर और मेडोज में
बर्फ़ की सफ़ेद चादर बिछाती
जाड़ों की ये लम्बी रातें।

ठिठुरती सिकुड़ती गिलहरियाँ, खरगोश
औ कड़कड़ाती उल्लुओं के कराहों से भरी
जुगनुओं से जगमगाती
जाड़े की ये ठण्डी रातें।

अँधेरे को चीरती एम्बुलेंस की सायरन
किसी के बहुत बीमार शायद
या फिर मृत्यु की ख़बर चीख़ती
डिप्रेशन और उदासी के संकेत लाती
ये धुन्ध और कोहरे भरी लम्बी रातें।

अँधेरे को घेर लेती हैं सर्द हवाएँ
उस पर पड़ती घनघोर बर्फ़ की बौछारें
क़ैद हैं सब अपने–अपने घरों में
कहीं भी जायें तो कैसे जायें
किसी को पास भी कैसे बुलायें
अकेलेपन में मेरे साथ है–
बस जाड़ों की लम्बी रातें।

हवाई जहाज़

आकाश में उड़ते हवाई जहाज़–
इनमें से कोई तो मेरे गाँव से गुज़रेगा
और क्षितिज के बहाने से ही सही,
मेरे गाँव के बुढ़वा पीपल
और बटबाबा को चूम
मेरे गाँव की ख़ुशबू ले आयेगा।

पर कभी–कभी लगता है
हवाई जहाज़ ढोते हैं
रिफ़्यूजी और शरणार्थियों को
हमें पहुँचाते अजनबी देशों में
जहाँ मिलती है उपेक्षा और
द्वितीय श्रेणी की नागरिकता
और अल्पसंख्यक का तमगा।

हवाई जहाज़ घर से दूर ले जाते हैं
और बनाते हैं हमें बेघर
उखाड़ते हैं हमें अपनी जड़ों से
और बनाते हैं नोमैड
हम उपलाते रहते हैं
फायटो प्लैंक्टॉन की तरह।

कभी नौकरी की तलाश
कभी बेहतर जीवन–
शैली की आस
कभी शिक्षा, कभी आवास
साइबेरियन पक्षियों से
भी बदतर याददाश्त है
हमारी–
अक्सर हम घर का रास्ता
भूल जाते हैं और
ग़लत हवाई जहाज़ में
बैठ जाते हैं।

हवाई जहाज़ हमेशा घरों की
तरफ़ नहीं उड़ते
हमेशा मिलन के मुहूर्त नहीं गढ़ते
अक्सर उड़ा ले जाते हैं हमें
अपने गाँव, देश और ज़मीन से

बना डालते हैं हमें परों–सा
हल्का ताकि उखड़ सकें हम ख़ुद से ही
निर्विरोध स्वीकृति से।

तो यह हवाई जहाज़ कहाँ जा रहा है
और कितनों को इमिग्रेंट बना रहा है?

पतझड़

स्याह अँधेरा गहराता जाता है
चाँद डूबता–उतराता जाता है
रौशनी के एक क़तरे की ख़ातिर
रात सिर पटकती चली जाती है
तारे टिमटिमाते हैं, उम्मीद जैसे
तेरे आने की दस्तक दे जाते है।

तूफ़ानी बर्फ़ानी सर्दीली रातों में
जब गरमाहट कमरे में सिमट जाती है,
रात होती जाती बेबस उत्तरी हवाओं से
आँसुओं–सी पेड़ों से शीत टपक जाती है,
मानो, रो रही है प्रकृति हाहाकार करती
पतझड़ी हवाएँ झकझोरती हुई जाती हैं।

पत्तों की सरसराहट ज्यों बुहारती है
तेरी यादों की गलियों को
और मैं तेरी राह निहारती हूँ।

रात आधी बीत चुकी,
चाँद भी उबासियाँ ले रहा है
पेड़ भी ऊँघ रहे,

हवाएँ भी विश्रान्त हैं
सिर्फ़ मैं जग रही हूँ
बेवजह, निरर्थक,
क्योंकि जगकर पतझड़
की रातों को जीना अच्छा लगता है।

हिन्दी और मेरा हिन्दुस्तान

खड़ी रहती हूँ मैं घर के खिड़की दरवाज़े से लगी
देखती रहती हूँ बेवजह बाहर भागती ज़िन्दगी।
कोई न कोई मंज़िल है हर किसी की
या कोई यूँ ही भाग रहा है बेवजह मेरी तरह,
खोजती रहती हैं मेरी आँखें उन आँखों को
पहचानी हुई उन मुस्कुराहटों को जो बाँध लें
मेरी नज़रों को इस अजनबी शहर को
जो रोक लें मुझे मनुहार से कभी तो प्यार से
बस स्टैंड पर भी मैं खोजा करती हूँ उन आँखों को
जो चमक जायें मेरी आँखों को पहचान कर।

लाइब्रेरी में ढूँढ़ा करती हूँ कैटलॉग में
मेरी भाषा 'हिन्दी' की किताबों को
खोजा करती हूँ बर्फ़ीली, सर्दीली रातों में
माँ के उन नरम हाथों की गरमाहटों को
जिसे छूकर ज़िन्दगी ज़िन्दादिल बन सकती थी।

इन ख़ूबसूरत वादियों में खोजा करती हूँ,
छोटे–छोटे घरों को जो घरौंदे जैसे दिखते थे।
इन चार लेन की चौड़ी सड़कों पर
मेरी गाँव जाने वाली सड़कें खो गयी हैं कहीं

मैं मन की आँखों से उन टेढ़ी–मेढ़ी सर्पीली
पगडण्डियों को ढूँढ़ा करती हूँ।

जब मेडोज को देखती हूँ तो सोचती हूँ कि,
मेरे गाँव की गायों को यहाँ चरने को मिलता तो
वे कितना ख़ुश होतीं,
ख़ुशी से पगुरातीं,
और कुलाँचे मारतीं
और बकरियाँ तो चिनार, बर्च और चेरी ब्लॉसम
की सब पत्तियाँ एक–दूसरे के ऊपर चढ़कर ज़रूर
चर जातीं
फिर एक–दूसरे को पुकारकर
यूनिवर्सिटी की सीढ़ियाँ फर्लांग जातीं।

फाइव स्टार होटलों में अपने यहाँ की चाय खोजती फिरती हूँ,
शेफ़ से दोस्ती कर कुछ देशी बनवाती हूँ और
भारत से जुड़ा हुआ महसूस करती हूँ।
मुझे पता है अब मैं विदेशी हो गयी हूँ।

नागरिकता ब्रिटिश पर कहीं–न–कहीं देशी भी रह गयी हूँ।
जन्मभूमि को याद कर बाहर बेवजह तकती हूँ।
एक मुस्कान की आशा में खिड़की से बेवजह झाँकती हूँ।

पतझड़ की रातें

लम्बी होती जाती हैं पतझड़ की रातें
झंझावातों और तूफ़ानों से झूमती रातें
पीले, लाल सुनहरे पत्तों से झरती रातें
ओस की बूँदों–सी टप–टप टपकती रातें
तन्हाइयों की पीड़ा से पसीजती रातें
हवाओं के शोर में मौन–मुखर रातें
मेरे उसाँसों और आहों से डरी रातें
दबे–दबे पाँवों से दस्तक देती रातें
यादों के दरवाज़े खटखटाती रातें
बेचैन हवाओं से भरी अकुलायी रातें
आह, ये पतझड़ की रातें।

सूखे पत्तों के साथ–साथ उड़ती रातें
तेरी यादों के साथ–साथ जुड़ती रातें
प्रकृति के कायाकल्प बदलती रातें
किसी को भी कुछ न समझती रातें
चिनार के पेड़ों से पत्ते चुराती रातें
चेरी ब्लॉसम को नंगा करती रातें
बस लेकर आती हैं पत्तों की सौगातें
या फिर आँधी–तूफ़ान और बरसातें
हाँ, आ चुकी हैं पतझड़ की रातें।।

कौन रहता है वहाँ

मेरे घर का वो पक्का आँगन और चबूतरा
जहाँ सीखा मैंने एबीसीडी और क ख ग
खेले कबड्डी, पिट्ठू, गोटी और सतघरा
वो घर वो आँगन अब भी है, पर
अब वहाँ कौन खेलता है?

वो गौरैया वो कौवा तोते मैना परचे हुए
मेरे साथ–साथ खाते और चहचहाते थे
रहट और कुओं पर मेरे साथ नहाते थे
कोयल और बुलबुल जो मेरे साथ गाते थे
वो पेड़ और पक्षी अब भी होंगे,
पर अब वहाँ कौन गाता है?

वो डोलपत्ता, कोना–कोना और पेड़ों पर छुपना
स्कूल से भागकर खेतों से मटर–चने–तुत चुराना
पहली बारिश में भीगकर स्कूल से घर पहुँचना
वह स्कूल अब भी है,
पर अब कौन इतनी शैतानियाँ करता है?

बरसात में तितलियाँ और साँप पकड़ना
बेल से गाय–बैल बनाकर स्कूल बैग भर लेना

मास्टर से मार खाना और बैल बचाने की विनती करना
'सर, बैल–गाय मत फेंकिए' और बुक्का फाड़कर रोना
बेल का पेड़ अब भी है
पर उनसे अब बैल–गाय–बछड़े कौन बनाता है?

भादों शुरू होते ही अखाड़े में लालटेन बाँधना
नाच ग्रुप तैयार कर घर–घर से लड़कियों को बुलाना
आदिवासियों की तरह रात भर नाचना और थकना
करमा, सरहुल, जितिया देवताओं को गीतों में बुलाना
वह अखाड़ा अब भी है
पर अब वहाँ कौन इन उपेक्षित ग्राम देवताओं
को बुलाता होगा
अब वहाँ कौन रात–भर नाचता है?

विदाई

आख़िरी कुछ दिन,
तेरे खेतों की पगडण्डियों पर
मीठी मटर की फलियाँ चुराकर
पथरीली नदी के पाट पर बैठकर
रातों को छत पर सोकर
गाँव को दूर से निहारकर
तेरे शस्य–श्यामला अंचल में लेटकर
गुज़ारती हूँ माँ!

आख़िरी कुछ घण्टे
तेरी बाँहों में सिमटकर
तेरी ख़ुशबू में समाकर
तेरी मिट्टी में लोटकर
तेरी धूप में नहाकर
गुज़ारती हूँ माँ!

आख़िरी कुछ पल–क्षण
अश्रुपूरित आँखों को पोंछकर
जहाज़ की खिड़की से झाँककर
मीठे गुड़ और आम के अचार को
कस्टम से लड़कर–बचाकर

नीम–तुलसी, हल्दी–सोंठ
और पूजा के मुचड़े फूलों को
रुमाल में सहेजकर
रुलाई को भीतर भींचकर
तुमसे क्रमशः दूर जाते
धरती को छोड़कर
छोटे बच्चे की तरह बिलखकर
गुज़ारती हूँ माँ!

तुमसे बिछुड़कर
दूर देश जाकर
अपना अस्तित्व खोकर
सपनों में तुम्हें बुनकर
मिलने के मुहूर्त गिनकर
गुज़ारती हूँ माँ!

दिशाहीन

धीरे–धीरे क़दम
हर डगर पर
हमसफ़र की तरह
रहते हो तुम साथ–साथ
मन भर–भर आता है तब
थाम लेते हो तुम मेरा हाथ जब
तेरा परस कितना कोमल–शीतल
पर तेरा मिलना क्षणिक भ्रमजाल है–
दूर तक कोई आसरा नहीं
बस बादलों का संजाल है।

पर उड़ती जाती हूँ मैं
आकुल तुम्हारी खोज में
तुम्हारी टोह नहीं पाती मैं
क्योंकि तुम तो मेरे भीतर हो
और भीतर मैं झाँक नहीं पाती
इसलिए तुम्हें खोज नहीं पाती
बस नादान पक्षी की मानिन्द
उड़ती फिरती हूँ अनजान दिशाओं
में दिशाहारा बनकर!

तुम भी तो इंगित नहीं करते
बस मेरी व्याकुलता का मज़ा लेते हो,
छोड़ देते हो हाथ मेरा कभी, तो
कभी पकड़ लेते हो मेरी छाया को
और मैं तेरी बाँहों में सिमटकर
तुझ पर मर मिटती हूँ।

मिलन

हम सो नहीं पाये थे
हमें सोना नहीं चाहिए था
क्योंकि, प्यार दरमियाँ जो आ गया था
साथ–साथ हमें भी बहा के ले गया था
प्रेम जो घाटियों से उतर कर–अविरल
चौड़े पाट की नदी में मिल गया था
साथ–साथ हम भी बह गये थे
हाँ हम दोनों ही बहक गये थे!

प्रेम बहता–बहता गुज़र रहा था शहरों से
जंगलों से और गाँवों से–सागरों से
मिला था जब वह चाहनाओं के महासागर में
तब भी तो हम सो नहीं पाये थे–
जागे–जागे से फिर बह गये थे!

अब जागना नहीं है हमें, न ही बहना है
अब किसी पार भी हमें नहीं पहुँचना है
अब जबकि अनन्त में पहुँच गये हैं हम
अब कहीं अन्तिम बार सो पाये हैं हम!
अब तुममें घुल–मिल गये हैं हम
अब जाकर एक जान हुए हैं हम!

यादों के मोगरे

क़ातिलों के शहर में एक रहनुमा खोजती हूँ
आँधी में उड़ते तिनके में आशियाना ढूँढ़ती हूँ।

रात ख़ामोश है और शहर सोता है तो क्या
मैं जागकर आसमान में ध्रुवतारा ढूँढ़ती हूँ।

जिन्होंने धोखे पर धोखे दिये हरदम राहों में
उनकी निगाह में मुरौव्वत व वफ़ा ढूँढ़ती हूँ।

ज़िन्दगी पूरी बीत गयी दर–शहर बदलने में
अब बस पुरसुकून स्थायी ठिकाना ढूँढ़ती हूँ।

तेरे आने की उम्मीद में आँखें बिछा बैठे थे
अब मुलाक़ात का वाजिब बहाना ढूँढ़ती हूँ।

मेरी हसरतों की आहों से उपजा है ये बादल
आँसुओं के दरिया में डूबकर किनारा ढूँढ़ती हूँ।

दिन गुज़ारने की कोई फ़िक्र–जहमत नहीं मुझे
मैं बस रात-भर तेरी यादों का सहारा ढूँढ़ती हूँ।

आँखें बन्द हों और बस तू मेरे ख़्वाबों में आ जाये
सारी कायनात में वो क़यामत की रात ढूँढ़ती हूँ।

तेरे बिना जीने की आदत–सी डाल ली है मैंने
अब बस यादों में तुझे पाने के उपाय ढूँढ़ती हूँ।

तू नहीं तेरा साया भी नहीं सब पता है मुझे
पर रेत पर बेवजह तेरे क़दमों के निशाँ ढूँढ़ती हूँ।

दिल से यूँ कि उजड़ गया है तेरी यादों का बगीचा
पर मोगरे के बेलों पर तेरा पसन्दीदा फूल ढूँढ़ती हूँ।

जाने क्यों लगता है, तेरे–मेरे दरमियाँ बाक़ी है कुछ
इसी उम्मीद पर तेरे आसंग के काँटे को चुनती हूँ।

समय

समय बहुत बलवान है
कहीं समय आगे है तो
कहीं लोग समय से आगे
समय के अजीब चक्र से
कहीं दिन तो कहीं रात है
कहीं ठण्ड कहीं बरसात है
कहीं पतझड़ कहीं बहार है
कहीं धूप तो कहीं छाँव है

समय ही तय करता है
हमारे जन्म को, मृत्यु को
जिसका समय ख़राब है
वह बिल्कुल ही बेकार है
समय से आना और जाना है
देर होने पर समय का रोना है

समय ही बाज़ार है और
समय ही व्यापार है
फूलों के खिलने का और
झड़ने का समय तय है
तितली और पानी का भी
समय ही जीवनचक्र है
बस समय–समय का फ़र्क़ है।

बचपन की एक सुबह

आज की सुहानी सुबह
मूसलाधार बरसता पानी
और पुरवइया का झोंका
ले आया है मीठी यादों को
मेरे गाँव और बचपन को
जो था, अलमस्त और अल्हड़!

वह गुड़ की चाय और
मिट्टी का कच्चा कुल्हड़
सोंधी सुगन्ध लेती थी होड़
कच्ची मिट्टी पर बूँदों की
सहलाती–थपथपाहट
उठती थी जीवन की गन्ध
खपरैल छप्परों से
तलती हुई मछली
भाभी–चाची छौंकती थीं
अरहर की दाल हींग में!

माँ बाँधकर चाबियों का गुच्छा
आँचल की खूँट में,
मुस्कुराता था माँ का सुहाग
बिन्दी और सिन्दूर से

झरते टपकते लम्बे गीले बालों से
तुलसी के चौरे पर
दादी देती थीं सूर्य–अर्घ्य
पढ़कर गायत्री मन्त्र
हम बच्चों का बस काम था
बोरसी में चाय को
उफनते देख दादाजी को
सूचित करना–
फिर काँसे के गिलास में भर–भर कर
गुड़ की चाय पीना,
बासी रोटी डुबोकर खाना
और स्कूल के लिए दौड़ जाना!

अफ्रीका में सूर्यास्त

पश्चिम वाली खिड़की की जाली
छान लेती है मेरी शाम की लाली,
ज्यों चाय से चायपत्ती छन जाती है।
खिड़की के उस पार
विदा दे रहा है सूरज
शाम हो रही है सुहानी
मैं खिड़की खोलकर
झाँक तो सकती हूँ
बाहर नहीं जा सकती
सुरक्षाकर्मी तानकर खड़े हैं
बन्दूक़ व दुनाली!!

सूर्यास्त दिखता है पीला
सीसीटीवी के कैमरे में
डरा–डरा सा सूरज
मुँह फुलाये ले रहा है विदा
सड़क पर लोग नहीं चलते
लुट जाने के डर से
पर कई गाड़ियाँ रौंदते
सन्नाटे को चीरते
धड़धड़ाती निकल जाती हैं

ड्राइवर और पिछली सीट के सवार
हो रहे हैं बेक़रार–
सुरक्षित घर पहुँचने को
पश्चिम की ओर कोई नहीं ताकता
कोई नहीं किलकता–सराहता
लाल होती दहकती थाली को
सूरज की मनोरम लाली को
क्योंकि खिड़की की जाली और
शीशे से छनकर सूरज की लालिमा
बन गयी है स्याह काली!

एक उदास गाढ़े रंग की चादर
ओढ़ लेता है यह शहर
शाम होने के तुरन्त बाद
सब घर में बन्द हो जाते हैं–
सूरज की तरह।
चिड़ियाँ और कौवे,
बच्चे और बूढ़े,
लोग काम से लौटते हैं–
और चुपचाप देखते हैं
बड़े–छोटे परदे पर
सूर्यास्त की लाली!

मकर संक्रान्ति

याद आते हैं,
मकर संक्रान्ति पर, माँ,
तेरे हाथों के तिल के लड्डू,
वे मुरही के लावे जो तुम गुड़ में पागती थीं;
वह नये धान का महकता चिवड़ा
जो अगहन–पूस में कूटती थीं;
वह पीली साड़ी जो पहनकर तुम
आलू–गुड़ का मीठा हलवा पकाती थीं;
वह पतंग जो हम बच्चों के साथ मिलकर
तुम आटे की लेई साटती थी;
वह नारियल–हल्दी–कुमकुम जो तुम सुहागिनों
को न्योत कर बाँटती थीं;
वे गया के तिलकूट, जो तुम बार–बार बोलकर
बाबूजी से मँगाती थीं;
वह गरम–पानी में तिल डालकर जो तुम
हम सबको बाल और देह रगड़कर नहलाती थीं;
वह दही जो कुम्हारिन काकी से माँगकर
तुम कोरे चूक्कड़ में जमाती थीं;
वह बैलगाड़ी में, या पैदल,
कुलाँचे भरती–
जो कच्ची पगडण्डी

भदुली के महाने नदी तक जाती थीं;
वह नदी का स्नान वह मेले की रेल–पेल,
वह तेरे नहाये बालों से टपकता पानी,
माथे पर बड़ा–सा कुमकुम–रोली से बना गीला टीका
तेरे चेहरे की सलिल–रेखा–ज्योति,
जो हम सबको भी पवित्र–पुण्य बना जाती थी।
वह खिचड़ी से उठती दालचीनी की बौराई सुगन्ध
वह खौलते नये गुड़ में पगे आलू,
जो अक्सर तुम्हारे छींके से चोरी हो जाते थे।
तुम्हें चोरों का पता था, पर तुम चुप रह जाती थीं!

वे पग–चिह्न जो नदी की गीली रेत में
हमारे पैर हटाते ही गुम हो जाते थे;
वे अनगिनत चुआ*
अपने आप ही दूसरे दिन भर जाते थे।
वह मेरे बचपन की संक्रान्ति कहाँ गुम हो गयी माँ?
मैं खोजती हूँ उन सबको और तुम्हें
पैक्ड चिवड़े में, ब्राउन शुगर में,
फ्लेवर्ड योगर्ट में और रेडीमेड तिल के चिक्की में
पर वह संक्रान्ति कहीं नहीं मिलती;
वह संक्रान्ति अब नहीं मिलेगी, माँ!

---

* नदी के बालू में खोदा गया छोटा गढ़ा।

ईश्वर

कौन बताता है
इन हंसों की क़तार को
साइबेरियन क्रेन को
फ्लेमिंगो को,
कि कब उड़ जाना है
दूर देश–ठण्ड से बचने
चारा चुगने–मोती खोजने
कौन है जो उन्हें
ऋतुओं के बारे में बताता है
मौसम परिवर्तन की सूचना देता है?

'रहना नहीं यह देस बिराना है'
कौन है जो हम मनुष्यों को
चले जाने के लिए कहता है?
कब, कहाँ, कैसे चल देना है–
सब कुछ छोड़कर
अनजान की खोज में
जो निश्चित नहीं है!

उठती है हमारे अन्दर एक आवाज़
उस ईश्वर का दिशा–निर्देश

जो बसता है–
हंसों में, साल्मोन में
क्रेन में और हम मानवों में
प्रेरित करता है–
आगे बढ़ जाने के लिए
नये ठिकाने खोजने को
उस अनजान क्षितिज की ओर
ख़ुद की खोज में–
क्योंकि ख़ुद को ढूँढ़ निकालना ही
ईश्वर से मिलना है।

कैसे?

अब पहले जैसी टूट कर चाहूँ कैसे
अब खुलकर तुझे प्यार जताऊँ कैसे
अब रात रात भर तुझे जगाऊँ कैसे
बेवफ़ाई के बाद नज़रें मिलाऊँ कैसे

खोयी हुई जवानी वापस लाऊँ कैसे
रूठे साजन और क़िस्मत को मनाऊँ कैसे
सात समन्दर पार से तुझे बुलाऊँ कैसे
अब तुझसे पहले–सी मुहब्बत लाऊँ कैसे
वक़्त और बुढ़ापे को दूर भगाऊँ कैसे

मौत क़रीब आ खड़ी हुई है–बड़ी देर से
पर हसीन ज़िन्दगी से दामन छुड़ाऊँ कैसे
फेर लिया है मेरी तक़दीर ने फ़ैसला जैसे
क़यामत की रात को आने से रोकूँ कैसे
दूरियाँ खड़ी हैं दहलीज़ पर सौतन–सी
महबूब के अश्क़ों को होंठों से पी लूँ कैसे

□□